よくわかる！記号の図鑑

交通、乗り物、案内、指示の記号　①

あかね書房

よくわかる！記号の図鑑 ① もくじ
交通、乗り物、案内、指示の記号

記号って何? …… 4	
わたしたちは記号をもちいて情報をえている …… 6	
さまざまな情報をやりとりするために …… 6	
文字も数字も「記号」のひとつ …… 6	
さまざまな場所や場面でつかわれる記号 …… 7	

記号をさがそう …… 8
　町じゅうにあるさまざまな記号 …… 8
建物の中にある記号 …… 10
　人が集まる建物にもたくさんの記号が …… 10

案内の記号 …… 12
　どこでも同じ記号ならひと目でわかる …… 12
　乗り場などをはっきりとしめす交通施設の記号 …… 14
工夫や変化も見られる商業施設の記号 …… 15
　形や色をかえた案内記号も …… 15
お客さまへの案内役をつとめる観光・文化施設の記号 …… 16
　まわりの風景にも気くばりしながらわかりやすく案内 …… 16

安全やルールを守るための記号 ……………… 18
だいじな情報を一瞬でつたえるための工夫 …… 18
●気になる形〜禁止の記号、注意・指示の記号 …… 18

命を守る防災の記号 ……………………………… 20
記号を目印にすばやく安全に避難しよう ……… 21
●"TSUNAMI"は世界の共通語 ………………………… 21

火災や地震などにそなえて …………………… 22
いざというときに役立つ防火の記号 ………… 22
●日本の非常口マークが世界標準に ……………… 22

コラム 外国人観光客への対応 ……………………… 24

交通・乗り物の記号 …………………………… 26
禁止することなどを知らせる規制標識 ……… 27
守るべきことを知らせる指示標識 …………… 28
「歩行者優先」をあらわす五角形の標識 ……… 29
●自転車の事故をふせぐために …………………… 29
あぶないことを知らせる警戒標識 …………… 30
●さまざまな「動物注意」 …………………………… 31
案内標識と補助標識 …………………………… 32
列車の安全を守る鉄道の記号 ………………… 34
決められた時刻での運行をささえる信号や標識 … 34
カラーで見分ける ……………………………… 36
色をつかって路線を見分ける …………………… 36

コラム マークがある全国の交通系ICカード ……… 38

空の安全をささえる航空の記号 ……………… 40
離着陸をたすける航空灯火 ……………………… 41
安全な航海をたすける海と川の記号 ………… 42
安全な通り道や位置を知らせる航路標識 ……… 42
●手旗信号 …………………………………………… 43

さくいん …………………………………………… 44

記号って何？

記号って何？

ふだんの生活で、わたしたちはさまざまな記号を目にしたり、つかったりしています。でも、「記号って何？」とたずねられたら、うまく説明できるでしょうか。知っているようでじつはよく知らない記号について、これから見ていきましょう。

わたしたちは記号をもちいて情報をえている

木村 浩

さまざまな情報をやりとりするために

わたしたちは、さまざまな情報をつたえたり受け取ったりするのに、多くの記号をもちいています。日本語で「記号」という言葉は、英語ではsign（サイン）といいます。

生活のいろいろなところで記号（サイン）がつかわれています。自分の気持ちや「こうしたい」という考えをつたえたりうけ取ったりするのにも、記号がつかわれます。人と会ったとき、わたしたちは「こんにちは」という「言葉」や、おじぎや手を振るなどの「身ぶり」で、あいさつの気持ちをつたえます。「言葉」も「身ぶり」も、じつは気持ちや考えをつたえるためにもちいる記号なのです。

文字も数字も「記号」のひとつ

「言葉」は、目で見てわかる記号としても利用されます。それが文字です。文字、図、絵などのように、形としてえがいた記号を「シンボル」といいます。文字も数字も、シンボルです。文字や数字以外で、形をえがいて利用している記号をとくに「グラフィックシンボル（視覚記号）」といいます。算数でつかう「＋」や「÷」などの記号や、音楽でつかう音符、また、地図や天気図につかわれている多くの記号も、グラフィックシンボルです。

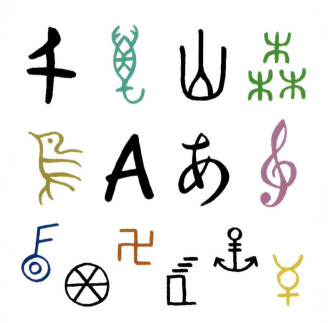

さまざまな場所や場面でつかわれる記号

グラフィックシンボルのなかでも、だれもが見てわかる絵を利用した記号を「ピクトグラム（絵文字）」といいます。人の形を利用したトイレ表示や、階段を上り下りする人をえがいた階段表示などがピクトグラムです。

また、会社名や商品名などを、独自の形の文字や記号でデザインした「ロゴタイプ」や「ロゴマーク」も、グラフィックシンボルのひとつです。それらは、くりかえし使用して、会社名や商品名を印象づけるためにもちいられています。

おもに、独自の形の文字を「ロゴタイプ」、独自の形の記号を「ロゴマーク」とよんでいますが、ふたつははっきりと区別された言葉ではありません。また、ロゴマークという言葉は和製英語（日本でつくられた英語風の言葉）です。ロゴタイプとロゴマークは、たんに「ロゴ」とよばれる場合が多くあります。

それでは次のページで、記号がどこにあるかさがしてみましょう。

わたしたちは記号をもちいて情報をえている

記号		文字	漢字、ひらがな、カタカナ、アルファベット、ギリシャ文字、アラビア文字、ハングルなど
	シンボル	アラビア数字など	0 1 2 3 4 5 6 7 8 9
		記号・図記号	約物、数学記号、音楽記号、地図記号、天気記号など ? ! # ([\ & + − ÷ × = ♥ f 𝄞 ♪ ♩ ◎
		グラフィックシンボル（視覚記号）ピクトグラム	🚻 🚶 👶 🚆 🏥 📱 🚹 🚺 🚁
		他の図記号	商標、ロゴタイプ、ロゴマーク、マーク、シンボルマーク、家紋、エンブレムなど
	自然・環境		自然現象、環境変化、気象、気温、湿度、光、音など

文字や図や絵など、形であらわされた記号を「シンボル」といいます。シンボルは、いろいろな場面で、さまざまにあらわされています。記号、サイン、マーク、シンボルマーク、しるし、信号など、よびかたもさまざまです。

記号をさがそう

わたしたちの身のまわりには、たくさんの記号があふれています。まずは、町の中を見わたしたとき、どんな記号が目にはいるのか、さがしてみましょう。

町じゅうにあるさまざまな記号

中央に公園があります。公園の左下にある建物は何でしょう。記号から判断するとトイレです。その少し上にはごみ入れの記号と、禁煙などの記号が見えます。さあ、ほかにどんな記号があるかさがしてください。

建物の中にある記号

　今度は、建物の中にはいってみましょう。町で見かけた記号と同じものはあるでしょうか。また、建物の中にしかない記号はありますか。建物の種類によっても、ちがいがあるかもしれません。

　じっくりながめてみると、いろいろな発見がありそうです。

人が集まる建物にもたくさんの記号が

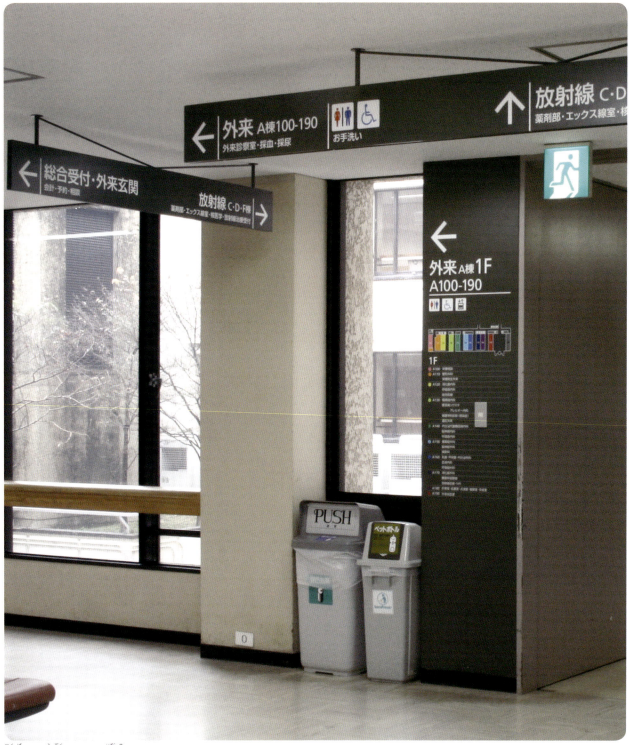

筑波大学附属病院の中(茨城県つくば市)。

記号をさがそう

東京駅の中(東京都千代田区)。

東京国際空港や成田国際空港と往復するバスがたくさんでている、東京シティエアターミナル(東京都中央区)。

羽田空港の中のエスカレーター(東京都大田区)。

案内の記号

目的地までの行き方や、どこに何があるかをしめすとき、記号をつかえばわかりやすくなります。全国どこでも同じ記号であれば、だれもがひと目でわかるため、案内のための記号を統一する取り組みがすすんでいます。

どこでも同じ記号ならひと目でわかる

駅や空港、スポーツの競技場、デパートなど、さまざまな人が出入りする場所では、以前から誘導案内のために記号がつかわれてきました。しかし、場所ごとにばらばらの記号でしめされていたためわかりにくく、全国の誘導案内の記号を統一する取り組みがすすめられました。

さまざまな記号のなかでも、JIS（日本工業規格）のように国や公的な機関でさだめたものがあります。さまざまな団体によって独自に決められた記号もあります。

近ごろは、大きな建物を新築したり建てかえたりするとき、誘導案内の表示をどうするかもいっしょに考えることがあたりまえになってきました。役所をはじめとする公共施設では、利用する人たちの意見を聞いて、わかりにくい部分を直す取り組みもはじまっています。

だれもがわかりやすく安全に移動できるように、誘導案内の記号もはっきりと大きくえがかれている。廿日市地方合同庁舎（広島県廿日市市）。

●公共施設や一般施設でみられる記号（JIS案内用図記号〈ピクトグラム〉）

案内の記号

 案内所
 情報コーナー
 病院
 救護所
 警察

 お手洗
 男子
 女子
 障害のある人がつかえる設備
 スロープ

 喫煙所
 火災予防条例で上記の図記号が規定されている場所には、上記の図記号を使用する必要がある。
 飲料水
 チェックイン／受付
 忘れ物取扱所

 ホテル／宿泊施設
 きっぷうりば／精算所
 手荷物一時預かり所
 コインロッカー
 休憩所／待合室

 ミーティングポイント
 銀行／両替
 キャッシュサービス
 電話
 ファックス
 カート

 エレベーター
 エスカレーター
 階段
 乳幼児用設備
 クローク
 更衣室

 更衣室（女子）
 シャワー
 浴室
 水飲み場
 くず入れ
 リサイクル品回収施設

鉄道の駅がある地下1階から地上3階の出発ロビーまで、まよわずに行けるようにするため、記号をつかって誘導している。出発ロビーは緑、到着ロビーは黄色で色分けされている(千葉県成田市)。

乗り場などをはっきりとしめす交通施設の記号

　空港、鉄道の駅、バスやタクシーの乗り場などには、毎日たくさんの人がおとずれます。

　近くに住んでいる人だけでなく、はじめておとずれる人や、いそいでいる人もいます。わかりやすい誘導案内の表示がもとめられます。

　また、外国と日本を行き来するときには、空港や港で、入国や出国の手続き、荷物の検査などがおこなわれます。交通施設の記号には、それらの場所をしめす記号もふくまれます。日本語のわからない外国人も、記号でしめされていれば、どこへ行けばよいか、すぐにわかります。

 航空機／空港

 鉄道／鉄道駅

 船舶／フェリー／港

 ヘリコプター／ヘリポート

 バス／バスのりば

 タクシー／タクシーのりば

 レンタカー

 自転車

 ロープウェイ

 ケーブル鉄道

 駐車場

 出発

 到着

 乗り継ぎ

 手荷物受取所

 税関＊1／荷物検査

 出国手続／入国手続／検疫＊2／書類審査

＊1 品物の輸出入の手続きや税金の支払い、法律をおかして輸入する人の取り締まりなどをする場所

＊2 海外から持ちこんだり、海外へ持ちだしたりする動物・植物・食品などが、病気にかかっていたり有害物質をふくんでいたりしないか確認すること

工夫や変化も見られる商業施設の記号

案内の記号

デパートやショッピングセンターなどの大きな店や、映画館をはじめとする娯楽施設などを、商業施設といいます。これらの場所では、さまざまな人にむけて、わかりやすい案内がもとめられます。楽しい雰囲気などが感じられるように工夫されています。

コンサートやスポーツイベントなどの会場となる「さいたまスーパーアリーナ」の近くには、レストランやさまざまな店も集まっている。誘導案内の記号は、JISを基本としながら、少しデザインをかえている（埼玉県）。

形や色をかえた案内記号も

買い物や映画鑑賞、スポーツ観戦などをしにおとずれる商業施設では、食事をするレストラン、お茶を飲んだり軽い食事をしたりするカフェ（喫茶・軽食）、お酒を飲むバーなどの記号（ピクトグラム）があります。もちろん、トイレやエレベーターなどの記号も、わかりやすくしめされています。

商業施設などでは、下にあるこのようなJISの標準的な誘導案内の記号（ピクトグラム）のほか、上の写真のように独自につくった記号ももちいられています。色や形にこだわった記号や、ユーモアのある記号なども目につき、店のイメージアップにも役立っています。

レストラン　喫茶・軽食　バー　ガソリンスタンド　会計

店舗／売店　新聞・雑誌　薬局　理容／美容　手荷物託配

お客さまへの案内役をつとめる観光・文化施設の記号

すばらしい自然や歴史のある地域や施設を見ようと、たくさんの人が観光地をおとずれます。記号をつかいわかりやすい誘導案内をすれば、日本語のわからない外国人もまよわず、安全に楽しく観光することができます。

町の中にある案内板。おもな場所を記号であらわし、方向や距離もしめす（神奈川県横浜市）。

まわりの風景にも気くばりしながらわかりやすく案内

海外からの観光客にも対応するため、日本語だけでなく外国語でも書かれた案内板がふえています。しかし、スペースがかぎられているため、あらゆる国の言葉に対応することはできません。そんなとき、見て理解できる記号をつかうことで、わかりやすい誘導案内をすることができます。

また、記号をつかってつたえる情報を整理すれば、おとずれる人にわかりやすいのはもちろん、見た目にもすっきりとして、美しく見えます。まわりの景色をこわさないように案内板の形や色にも気をくばりながら、記号をつかってわかりやすく案内することは、観光地の魅力づくりに欠かせなくなっています。

三陸復興国立公園の景勝地、北山崎にある案内板。リアス海岸のすばらしい景観をのぞむ展望台のある方向や、そのとちゅうに階段があることなどをしめす（岩手県田野畑村）。

●観光・文化施設のマーク

 展望地／景勝地

 キャンプ場

 温泉

公園

 博物館／美術館

 歴史的建造物

 歴史的建造物（応用例1）

 歴史的建造物（応用例2）

 自然保護

案内の記号

海外からの観光客をふくめ、年間100万人近くがおとずれることもある円山動物園。案内板は、車いすの人や子どもにも見えやすい高さにするなど、さまざまな来園者に気をくばっている。オリジナルの動物ピクトグラム（絵文字）も取りいれ、わかりやすさと楽しさを両立させている（北海道札幌市）。

安全やルールを守るための記号

安全や禁止にかんする記号を理解し覚えていると、危険がせまったときに、わたしたちの命を守ってくれる記号となります。注意や指示の記号は、危険な目にあわないよう、また、まわりの人に迷惑をかけないように、わたしたちをみちびいてくれるのが記号です。

だいじな情報を一瞬でつたえるための工夫

安全・禁止・注意・指示の記号は、命にかかわるだいじな情報をつたえています。そのため、だれが見てもひと目でわかるように、JISは統一した記号をさだめています。つかう色にはルールがあり、赤は防火や禁止、黄色は注意、青は指示、緑は安全をあらわします。

形にも意味があります。ななめの線のある赤い丸は、してはいけないことをあらわしています。ピクトグラムと組み合わせて、禁止の記号がつくられています。四角い赤は、消火器や非常ボタンの位置などを知らせる記号につかわれています。どちらも目につきやすい赤でえがかれていますが、つたえたいメッセージの内容により、つかわれる形がことなります。

立入禁止標識。「これより先」のところは、「関係者以外」「係員以外」「危険」「運転中」などいろいろある。

気になる形〜禁止の記号、注意・指示の記号

禁止をあらわす記号につかわれている丸にななめの線のある記号は、「一般禁止」とよばれる記号です。この記号は、英語で「だめ」を意味する「NO」の文字からつくられているといわれています。

特定の記号をもたない注意や指示に「一般注意」や「一般指示」の記号がつかわれます。これらの記号にえがかれている「！」（感嘆符）は、ラテン語で感情が高まったときにでる「io」（イオー）という言葉がもとになっているといわれています。

公園で

- 火気厳禁
- ペット持ち込み禁止
- 自転車乗り入れ禁止
- 捨てるな

駅で

 携帯電話使用禁止
 走るな／かけ込み禁止

店で

 飲食禁止
 撮影禁止
さわるな

● さまざまな安全・禁止・注意・指示の記号

消火器	非常電話	非常ボタン	禁煙	火災予防条例で上記の図記号の使用が規定されている場合は上記の図記号。	進入禁止	駐車禁止

立入禁止	飲めない	電子機器使用禁止	フラッシュ撮影禁止	ベビーカー使用禁止	遊泳禁止	キャンプ禁止

障害物注意	上り段差注意	下り段差注意	滑面注意	転落注意	天井に注意	感電注意

静かに	左側にお立ちください	応用例 右側にお立ちください ☆	二列並び ☆	応用例1 一列並び ☆	応用例2 三列並び ☆	応用例3 四列並び ☆

☆は文字による補助表示が必要。

命を守る防災の記号

　とっさの判断がもとめられる災害時には、ひと目でわかる記号がたいへん役に立ちます。いつおきるかわからない災害にそなえて、ふだんから防災の記号を学んでおくことが大切です。

津波避難場所を知らせる標識（三重県度会郡）。

記号を目印にすばやく安全に避難しよう

災害は、いつ、どこでおきるか、まるで予想できません。しかし、避難のための記号が全国どこでも同じなら、はじめて訪れた場所でもまよわず、あわてずに避難できます。

さらに、記号の意味を正しく理解しておくことも必要です。2011年3月11日に発生した東日本大震災では、津波から身を守るため、高台などにある「津波避難場所」へ避難すべきだったのに、かならずしも高い所にない「避難所」にまちがって避難し、命をおとした人が少なくありませんでした。「避難所」とは、災害で住めなくなった人が一時的に生活する場所です。こうした反省から、津波や土砂崩れといった災害の種類ごとに、安全基準をみたした「緊急避難場所」を市町村が指定して、記号をわかりやすく表示することになりました（22-23ページ参照）。

津波注意の標識。元禄地震とは、1703年に関東地方をおそった大地震。実際にあった被害を知らせて、ふだんから地震や津波にそなえようとよびかけている（千葉県旭市）。

津波避難ビル（徳島県徳島市）。

"TSUNAMI"は世界の共通語

1946年、日系人が多く住んでいるハワイ諸島を津波が襲ったことをきっかけに、アメリカ合衆国で津波が"TSUNAMI"とあらわされるようになりました。1968年、アメリカ合衆国の海洋学者が"TSUNAMI"を英語の学術用語（学問的な言葉）として正式にとりいれることを提案し、やがて一般の人にももちいられるようになりました。今では、英語以外の言葉をつかう国ぐにでも定着し、"TSUNAMI"は世界で通用する言葉となっています。

津波から避難するときの道をしめした標識（タイ・プーケット）。

火災や地震などにそなえて

　地震や津波などの自然災害だけでなく、火事へのそなえもわすれてはなりません。町や建物の中には、防火のためのさまざまな設備があり、記号でわかりやすくしめされています。

いざというときに役立つ防火の記号

　ビルや劇場、ホテルなど、さまざまな人が集まる建物には、火災や地震などがおきたとき、素早く安全に避難するための非常口がもうけられています。その方向をしめすのが、緑色と白色でえがかれた非常口サインです。非常口サインには、外へ走っていく人のすがたが記号であらわされ、このかたちは、そのほかの避難の場所をしめす記号のもとにもなっています。

　また、町の中には、交通標識ににた消防の標識があります。これらは火事がおきたとき火を消すためにつかう消火栓や防火水そうなどの位置をわかりやすくしめすものです。これらの消火設備の近くに自動車や自転車などがとめてあると、消火活動ができないこともあります。ふだんから標識をよく見て、注意しましょう。

防火水そう。小さなものから大きなものまで規模はいろいろある。

●安全と防災にかんする記号

津波注意（津波危険地帯）
地震がおきたとき、津波が来るおそれのある地域。

津波避難場所 ☆
津波が来ても安全な高台などの避難場所。

津波避難ビル ☆
津波が来ても安全な高台に行く時間がない場合や、近くに高台がない場合に、一時的に避難するビル。

洪水 ☆
川がはんらんしたときに、洪水の影響をうける可能性のある地域。

堤防 ☆
堤防によって洪水から守られている地域。川がはんらんしたときは水につかる可能性がある。

非常口

避難所（建物） ☆
災害が発生したときに避難できる安全な建物。学校や公民館などが指定されている。

広域避難場所
火事が燃え広がったときなどに、危険な状態から身を守るための場所。大きな公園や緑地など。

消火器

消火栓
火事を消すときの消火ホースを取りつけるための水栓。

防火水そう
消火用の水をためておく水そう。

消防水利
消火活動をおこなうときの水源。川、池、沼などの自然水利と、消火栓、防火水そうなどの人工水利がある。

非常用進入口
火災のときに、はしご車で救出活動をするための進入口。建物の外側にはる。

☆は文字による補助表示が必要。

日本の非常口マークが世界標準に

　人が走ってにげるすがたを記号にした非常口の記号は、映画館やホテルなど、さまざまな建物で目にします。これは日本でうまれた記号です。1987年には、ISO（国際標準化機構）によって国際規格の記号になりました。

案内の記号

洪水の影響を受ける可能性がある地域であることをしめす。数字は、江戸川がはんらんしたときに予想される浸水の深さ(東京都葛飾区)。

近くを流れる利根川がはんらんした場合に予想される浸水の深さは0.9メートル。洪水時避難場所の案内板(千葉県香取市)。

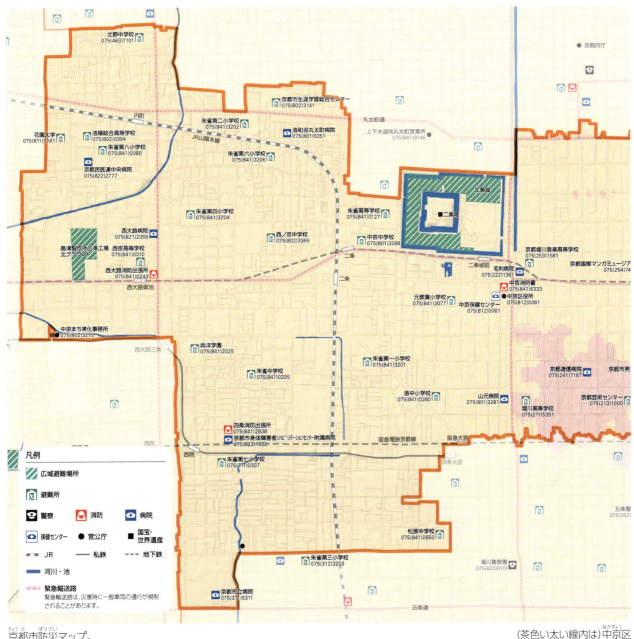

京都市防災マップ。　　　　　　　　　　　　　　　　　　(茶色い太い線内は)中京区

23

記号でおもてなし
外国人観光客への対応

海外から日本を訪れる観光客が、年々ふえています。日本語のわからない外国人と、外国語のできない日本人がコミュニケーションをとるのはたいへんです。しかし、おたがいが知っている記号をつかえば理解できることがたくさんあります。言葉がつうじなくても安心して旅行できる環境をつくったり、日本の文化や習慣をつたえるために、記号は大きな役割をはたしています。

浜松市観光インフォメーションセンター(静岡県)。

日本政府観光局(JNTO)認定外国人観光案内所のシンボルマーク

案内所　　情報コーナー　　ホテル／宿泊施設　　コインロッカー　　銀行・両替

展望地／景勝地　　歴史的建造物　　歴史的建造物(応用例1)　　歴史的建造物(応用例2)　　非常ボタン

観光地や公共施設でみかけるJIS案内用図記号。文字のかわりに、絵を見て意味がわかるのが特徴。

LAOXりんくうシークル店(大阪府泉佐野市)。

Japan. Tax-free Shop

免税店シンボルマーク
外国人旅行者が消費税をはらわずに買い物できる免税店のマーク。

昔ながらの古い町並をおとずれる外国人観光客(岐阜県高山市)。

キャッシュサービス

レストラン

靴を脱いでください

コミュニケーション

撮影禁止

静かに

あらたに追加された、外国人観光客のためのJIS案内用図記号。くつを脱ぐ場所をしめすマークと、さまざまな言語でコミュニケーションをとれる場所をしめすマーク。ふきだしの中の'ENGLISH(英語)'は、ほかの言語や国旗にかえることができる。

交通・乗り物の記号

人やものが安全に行き来するには、交通ルールをみんながまもることが大切です。ルールを記号でしめせば、遠くからでもすぐわかり、事故をふせぐのに役立ちます。交通や乗り物の記号には、色や形をつかったもののほか、光や音による記号もあります。

道路は、歩行者はもちろん、自動車や自転車など、いろいろな乗り物がとおります。すべての人が安全に利用できるよう、道路のわきなどに設置して交通ルールをつたえているのが、道路標識です。標識とは、指示や案内のため、目印として取りつけたものをさしています。

道路標識には、規制標識、指示標識、警戒標識、案内標識、補助標識の5種類があります。

国道1号線にある道路標識（大阪市）。

近江神宮前の踏切（滋賀県）。

関西国際空港のJALの飛行機（大阪府）。

海に浮かぶ灯浮標（沖縄県）。

禁止することなどを知らせる規制標識

安全のために、してはいけないことや守るべきことをしめす標識を、規制標識といいます。赤い丸の標識は禁止や制限、赤い逆三角形は一時停止や徐行（すぐに止まれる速度で通行すること）、青い標識は指示をあらわします。

●規制標識（一部省略）

 通行止め
 車両通行止め
 車両進入禁止
 二輪の自動車以外の自動車通行止め
 大型貨物自動車等通行止め
 大型乗用自動車等通行止め

 二輪の自動車・原動機付自転車通行止め
 自転車以外の軽車両通行止め
 自転車通行止め
 車両（組合せ）通行止め
 車両横断禁止
 転回禁止

 指定方向外進行禁止
 追越しのための右側部分はみ出し通行禁止
 駐停車禁止
 駐車禁止

 時間制限駐車区間
 危険物積載車両通行止め
 重量制限
 高さ制限
 最大幅
 最高速度

 最低速度
 自動車専用
 自転車専用
 自転車及び歩行者専用
 歩行者専用
 一方通行

 車両通行区分
 特定の種類の車両の通行区分
 専用通行帯
 路線バス等優先通行帯
 原動機付自転車の右折方法（二段階）
 原動機付自転車の右折方法（小回り）

 警笛鳴らせ
 徐行
 一時停止
 歩行者通行止め
 歩行者横断禁止
 環状交差点における右回り通行

守るべきことを知らせる指示標識

　道路において、横断歩道などの場所をしめす標識を、指示標識といいます。「規制予告」以外の標識は、青地に白い絵や文字でえがかれています。
　青は「〜しましょう」という指示や、案内によくつかう目にやさしい色です。

遠くを走る車にも見えるように、高いところにある横断歩道の標識(鳥取県米子市)

●指示標識

並進可

軌道敷内通行可

駐車可

停車可

優先道路

中央線

停止線

安全地帯

規制予告

「歩行者優先」をあらわす五角形の標識

指示標識のうち、横断歩道や自転車横断帯にかんする4つの標識は五角形です。道路標識のなかで、五角形がつかわれているのはほかにないため、遠くからでも目につきます。これは歩行者優先の考え方にもとづくものです。ほとんどの指示標識が青地に白でえがかれているのは、はっきり見え、正しく情報がつたわりやすいためです。

横断歩道

自転車横断帯

横断歩道・自転車横断帯

自転車の事故をふせぐために

自転車は通勤・通学や買い物など、毎日の生活に役立つ便利な乗り物ですが、事故にあう危険もひそんでいることを忘れてはなりません。

道がせまくて自転車専用の通り道をもうけにくい東京の一部の地域では、「自転車ナビマーク」をつかった取り組みをはじめています。このマークは、自転車の通行部分と進行方向を路面にしめすもので、自転車が歩行者とぶつかる危険をへらしながら、自転車を車から守る役目をはたしています。

自転車の事故をふせぐには、人にも自転車にもやさしい町づくりをすすめると同時に、安全な自転車に乗ることも大切です。幼児を2人乗せてもよいとゆるされている自転車や、スポーツ用自転車にも、基準をみたしていることを証明するマークがあります。

信号や標識、マークなど、自転車にかんするさまざまな記号をよく理解して、安全に乗りましょう。

自転車ナビマーク
アスファルト舗装上に設置したイメージ。

●自転車のマーク

BAAマーク
事業者団体の安全基準をみたしている自転車。

青色TSマーク／赤色TSマーク
自転車安全整備士が点検整備した普通自転車。けがや後遺障害、死亡などの保険がついていて、赤のほうが金額が高い。

スポーツBAAマーク
事業者団体の安全基準をみたしているスポーツ用自転車。

SGマーク
製品安全協会が安全基準にもとづき認証するマーク。

あぶないことを知らせる警戒標識

　まがりくねった道や急な坂道など、道路にはあぶない場所もあります。また、小さな子どもや動物が飛びだすと、事故につながりかねません。道路標識には、こうした危険を知らせて、注意をうながすことを目的とした警戒標識があります。

道路がすべりやすいと注意をうながしている（神奈川県小田原市）。

　前方に危険な場所や注意すべきことがあると知らせるための標識を、警戒標識といいます。形はひし形で、黄色の地色に黒で絵や記号がえがかれています。黄色は注意の意味をもつ色で、黒と組み合わせることで、はっきりと目に飛びこんできます。角が上下にあり不安定なひし形をもちいているのも、見のがさないようにするための工夫です。

●警戒標識

十形道路交差点あり
前方に十形の道路交差点(十字路)がある。

ト形道路交差点あり
前方にト形道路交差点がある。

T形道路交差点あり
前方にT形道路交差点がある。

Y形道路交差点あり
前方にY形道路交差点がある。

ロータリーあり
前方にロータリー(円の形をした道路)がある。

右(左)方屈曲あり
前方に右方または左方の屈曲(カーブ)がある。

右(左)方屈折あり
前方に右または左への屈折(曲がり角)がある。

右(左)背向屈曲あり
前方に右(左)から始まる左右のカーブ(S字カーブ)がある。

右(左)背向屈折あり
前方に右(左)背向屈折(連続する曲がり角で、クランクともいう)がある。

右(左)つづら折りあり
前方に右(左)つづら折り(ジグザグに曲がるカーブ)がある。

踏切あり
前方に踏切がある。

学校、幼稚園、保育所などあり

信号機あり

すべりやすい

落石のおそれあり

路面凹凸あり

合流交通あり

車線数減少
前方で車線数がへる。

幅員減少
前方で道幅がせまくなる。

二方向交通
対面通行(車線が上りと下りに分かれていないこと)の道路である。

さまざまな「動物注意」

「動物が飛びだすおそれあり」の警戒標識にはシカがえがかれていますが、そのほかにもさまざまな動物が登場します。北海道釧路湿原のタンチョウ(ツル)や鹿児島県奄美大島のクロウサギ、沖縄県大宜味村のオカガニなどはとてもめずらしい動物で、標識は安全運転だけでなく野生動物の保護にも役立っています。

タンチョウヅル(北海道)

タヌキ(神奈川県)

上り急こう配あり

下り急こう配あり

道路工事中

横風注意

動物が飛びだすおそれあり

その他の危険

サル(静岡県) クロウサギ(鹿児島県) カニ(沖縄県)

案内標識と補助標識

　道路の名前や番号、地名や距離などが書かれた道路標識は、今いる場所や目的地への道のりなどを教えてくれます。主となる標識といっしょにつかわれる小さな標識は、時間や区間などの説明をくわえるためのものです。

青梅街道にある道路標識（東京都練馬区）。

　道路の行き先などをしめす標識を、案内標識といいます。案内標識には大きく分けて2種類あります。一般の道路でつかわれる案内標識は、青地に白でえがかれています。緑の地に白い文字やマークがある標識は、高速道路でつかわれます。

●案内標識

方面と距離

方面と方向の予告

待避所
せまい道路で車がすれちがうための場所

駐車場

登坂車線
道路の上り坂ではスピードのでない大型車などが、ゆっくり安全に走るための車線

国道番号

都道府県道番号

道路の通称名

傾斜路

乗合自動車停留所

路面電車停留場

入口の方向

出口

料金徴収所

サービスエリア
高速道路の途中にもうけられた休憩施設

非常電話

非常駐車帯

首都高速の大橋ジャンクション（東京都目黒区）。

主となる標識と組み合わせる標識は補助標識とよばれます。補助標識は、単独でつかわれることはありません。

道路にもうけられる標識のほかに、運転する人が車にはる標識もあります。初心者マーク、高齢運転者マーク、聴覚障害者マーク、身体障害者マークの4種類で、車の前と後ろにはり、気くばりをもとめていることをまわりによくわかるようにしめします。

● 補助標識

市内全域
距離・区域

日曜・休日を除く
8-20
日・時間

原付を除く
車両の種類

→ ここから
始まり

↔
区間内・区域内

← ここまで

安全速度 30
注意事項

↗
方向

標章車専用

標章車専用
許可証（標章）を掲示している車のみの専用駐車区間で、高齢者・身体障害者・妊産婦だけが利用できる。

終わり

● 自動車の運転者が表示する標識（マーク）

初心運転者標識（初心者マーク）
免許をとって1年以内の人。

高齢運転者標識（高齢運転者マーク）
70歳以上で、身体機能の低下が運転に影響するおそれのある人。

聴覚障害者標識
（聴覚障害者マーク）

身体障害者標識
（身体障害者マーク）

列車の安全を守る鉄道の記号

鉄道は、列車のみが線路の上を走ります。そのため、線路のまわりや駅にあるいろいろな信号や標識は、鉄道のためだけにつくられています。

線路の近くに信号や標識がたっている(神奈川県川崎市)。

決められた時刻での運行をささえる信号や標識

途中で分かれたり交差したりする複雑な線路の上を走るため、列車はあらかじめ決められた時刻どおりに動いています。また、事故がおきれば被害も大きいため、何よりも安全が最優先されています。そのため、鉄道では速度制限や安全確認などのこまかい約束ごとや、異常などの情報を知らせるため、遠くからでも目につく信号や標識がさまざまな形でもちいられています。

日本にはたくさんの鉄道会社があるため、その会社独自の標識もあります。赤、緑、黄色の光で指示をつたえる主信号機も、球の数が2つから6つまで、さまざまなタイプのものがあります。

●主信号機

停止　警戒　注意　減速　進行

● 中継信号機
カーブなどのために主信号機が十分に見えない場所に置かれ、中継ぎをします。

● 入換信号機
構内運転や交換する車両の線路が開通しているかどうかをしめします。

交通・乗り物の記号

進行

制限

停止

停止
線路が開通していない

進行
線路が開通している

踏切しゃ断機（熊本県）
踏切があることをしめすため、黒と黄色の目立つ色づけになっている。

車止標識（北海道）
線路の終わりをしめす。

勾配標（福島県）
線路の高低差をしめす。

入換信号機（神奈川県）
線路が開通しているかどうかをしめす。

転てつ機標識（熊本県）
列車の通り道を切りかえる装置（転てつ機）に取りつけ、線路の状態をしめす。

カラーで見分ける

多くの鉄道は、利用する人にわかりやすくするため、車種や路線図に使用する色を決めています。指定した色は、列車や電車の車体、案内板、路線図など、さまざまなところで利用されています。

色をつかって路線を見分ける

鉄道が指定した色を積極的にとりいれているのは、したしみやすさが理由ではありません。たくさんの路線を見分けるうえで、大いに役立っています。とりわけ大都市の鉄道路線は複雑で、慣れない人にはわかりにくい面があります。まよっている人に説明するとき、路線ごとに色で区別されていれば、すぐにわかってもらえます。自分でしらべる場合も、路線図の色と車体の帯が同じなら、理解しやすく、乗りまちがいをふせぎます。

JR東日本、私鉄の京成電鉄など、たくさんの路線が乗りいれている日暮里駅（東京都荒川区）。さまざまな帯色の電車が走る。

大阪市交通局の路線案内。路線に指定した色とアルファベットをつかってわかりやすくしている。

福岡市地下鉄は、路線に指定した色だけでなく、駅ごとにシンボルマークがあり、多くの人に親しまれている。

相互利用ができるマークがある全国の交通系ICカード

　とても便利な交通系ICカード（ICチップという電子部品を埋めこんで情報を記録できるようにしたカード）を知っていますか。駅にあるICカード対応の券売機などで買うことができます。

　みんなに知ってもらうため、それぞれのICカードの名前のマークがつくられて、カードに入れられています。また、ICカードがつかえる券売機や改札はマークでしめして案内しています。マスコットキャラクターを決めているICカードも多く、人びとにしたしまれています。ICカードはおみやげとしても人気があり、観光にも一役買っています。これらのキャラクターも地域の魅力をつたえるシンボルの一種であり、記号のひとつです。

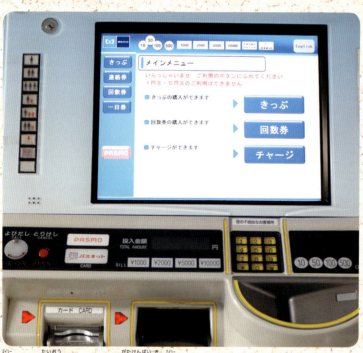

ICカード対応タッチパネル型券売機。ICカードのチャージができて、きっぷなども買える。

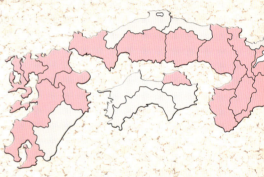

SUGOCA（スゴカ、JR九州）
Smart Urban Going Card の頭文字に「すごい」のこの地方の方言「すごか」がかけられている。

JR九州「SUGOCA」のカエルくん（前）と時計くん（後ろ）

はやかけん（福岡市交通局）
「速くて（は）やさしくて〈環境や人に〉（や）快適な（か）券（けん）」に「はやいから」を意味する博多弁「はやかけん」がかけられている。

nimoca（ニモカ、西日本鉄道）
「バスにも、電車にも、買い物にも、いろいろつかえるカード」「nice money card」の略で利便性の高い地域通貨という意味もこめられている。

平成25年3月23日から開始された10の交通系ICカードによる全国相互利用を記念して発売されたカード。各地でそれぞれデザインがちがう(写真は、JR北海道版)

□は、10のICカードを利用できる駅が存在する都道府県

JR西日本「ICOCA」のイコちゃん(左)とスマイコちゃん(右)

manaca(マナカ、名古屋市交通局ほか)
「日本の真ん中をつなぎくらしの真ん中をつなぐカード」の意。日本の真ん中の地域の事業者が手をつなぎ の意もこめている。

Kitaca(キタカ、JR北海道)
キタは北海道の北、カはICカードのカ。

Suica(スイカ、JR東日本ほか)
Super Urban Intelligent Card の頭文字。果実のスイカとかけ合わせて親しみやすさを表現。スイスイ行けるICカードの意味もある。緑の色は果実のスイカの色とJR東日本のロゴカラーから。ペンギンは「スイスイ改札を通れる」を「スイスイ泳ぐペンギン」にかけている。

TOICA(トイカ、JR東海)
Tokai IC Card の頭文字。デザインは東海地方の海岸線をイメージ。

PiTaPa(ピタパ、近畿、岡山、広島などの私鉄各社)
「ピタッと タッチするだけで パッとスピーディーに」の略。

ICOCA(イコカ、JR西日本)
IC Operating Card の略に「行こうか」の関西弁「行こか」がかけられている。「ICOCAで行こか」がキャッチコピー。

PASMO(パスモ、首都圏の私鉄各社、東京地下鉄ほか)
PASSNETのPASと、もっとという意味をあらわすMOREの頭文字MOから。さらにパスモのモは助詞の役割をはたし「電車も、バスも、あれもこれも」利用できるようになるという意味がこめられている。

空の安全をささえる航空の記号

　航空機は機械で自動的に飛行することができますが、離陸や着陸は人がおこなっています。夜間は滑走路の形や進入角度などは、遠くからでもよくわかる光の記号によってパイロットにつたえられています。

関西国際空港を離陸するJALの飛行機（大阪府）。

国際線到着フロアの大型自立型誘導サイン（関西国際空港）。

 航空機／空港
 出発
 到着
 乗り継ぎ

 休憩所／待合室
 案内所
 忘れ物取扱所
 コインロッカー

 銀行／両替
 手荷物受取所
 手荷物一時預かり所
 税関／荷物検査

離着陸をたすける航空灯火

滑走路やそのまわりには、障害物などの位置を知らせたり、進入する道すじをしめしたりするためのあかりをともす設備があります。これらは航空灯火とよばれ、色や点滅のしかたなどをつかいわけることにより、さまざまな情報をつたえています。

光は暗くても目に入るため、夜でも見分けることができます。色や形を組み合わせることで、より多くの情報をつたえることができます。

また、着陸のときには、飛行機の操縦室から滑走路の停止位置は見えないため、誘導員が「パドル」という大きなしゃもじのようなものをにぎり、直進、停止などの合図をおくる飛行場もあります。

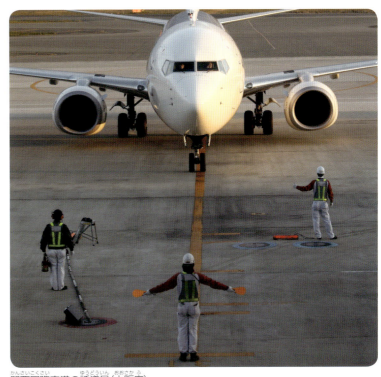
関西国際空港の誘導員（大阪府）。

大阪国際空港。伊丹空港ともいう。飛行場にはさまざまな灯火があり、飛行機が安全に離着陸できるようにしている。写真は、連鎖式閃光灯、進入灯、滑走路末端灯、滑走路中心線灯など、さまざまな灯火のなかを着陸する飛行機。

安全な航海をたすける海と川の記号

　海の底にある岩や浅瀬は、船にとって危険な障害物です。また、せまい港では船どうしがぶつかるおそれもあります。安全に航海するための情報を知らせるうえで、色、形、光、音などをつかった記号がつかわれています。

漁港の灯台。港の出入り口をしめすため、防波堤の先端にたてられた灯台。夜でも遠くからも見分けられるように、港の奥にむかって右側の灯台は赤色、左側の灯台は緑色の光をだす（山形県鶴岡市）。

安全な通り道や位置を知らせる航路標識

　船に海上での位置を知らせたり、港へ入る目印とする標識を、航路標識といいます。航路とは船が安全に航海するための通り道をさし、航路標識にはさまざまな種類があります。

　その中でも、光を利用した標識に、灯台や灯浮標があります。灯台は陸の上にたつ建物で、光を放って位置をしめします。灯浮標とは、水面にかくれている岩などの目印として浮かんでいる浮標（ブイ）のひとつで、照明の機能をもっているのが特徴です。これらのほかにも、音や電波をつかった標識など、さまざまな種類の航路標識があります。

　海だけでなく川にも、船でとおるときのルールや標識があります。

左舷灯浮標（沖縄県宮古島市）

右舷灯浮標（東京都江東区）

海に浮かぶ灯浮標。緑は左舷灯浮標。標識の位置が、水源にむかって航路の左はしであることをしめす。赤は右舷灯浮標で、水源にむかって航路の右はしに置かれている。ほかの種類の航路標識も、左舷は緑、右舷は赤と決められている。

荒川ロックゲート（東京都江戸川区）。荒川と旧中川をつなげて災害時にも活用できるようにした。

●河川の標識

引き波禁止

追い越し禁止

回転禁止

行会い・追越し禁止

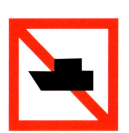
船舶等通航禁止

汽笛

動力船通航禁止

進入禁止

進入可

水上オートバイ
通航方法制限

水上オートバイ
禁止

手旗信号

手に持った旗をつかって、遠くへ情報をつたえる方法を、手旗信号といいます。日本の手旗信号は海外とはことなる独自のもので、赤白2本の旗をつかって形をつくり、その組み合わせで文字をしめします。通信技術が発達した現在でも、一部でつかわれています。

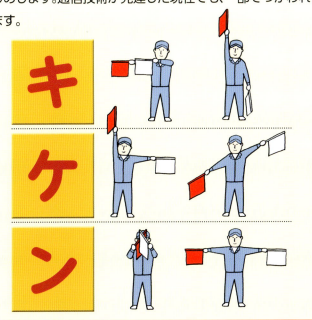

さくいん

あ行

- ICカード･････････38、39
- 青い標識･････････27
- 青色TSマーク/赤色TSマーク･････････29
- アラビア数字･････････7
- 安全･････････18、19、21、22、26～29、31、34、40、42
- 安全運転･････････31
- 安全確認･････････34
- 安全基準･････････21、29
- 安全地帯･････････28
- 案内･････････12～17、23、24、26、28、32、36、40
- 案内記号･････････12
- 案内所･････････13、24、40
- 案内板･････････16、17、23、36
- 案内標識･････････26、32
- 行会い・追越し禁止･････････43
- ICOCA･････････39
- イコちゃん･････････39
- ISO(国際標準化機構)･････････22
- 一時停止･････････27
- 一列並び･････････19
- 一般禁止･････････18
- 一般指示･････････18
- 一般施設･････････13
- 一般注意･････････18
- 一方通行･････････27
- 入口の方向･････････32
- 入換信号機･････････35
- 色･････････26、36、41、42
- 飲食禁止･････････19
- 飲料水･････････13
- 右舷灯浮標･････････42
- 海･････････42
- 絵･････････6、7、24、30
- 駅･････････14、34、37、38
- エスカレーター･････････13
- SGマーク･････････29
- 絵文字･････････7、17
- エレベーター･････････13、15
- エンブレム･････････7
- 追い越し禁止･････････43
- 追越しのための右側部分はみ出し通行禁止･････････27
- 横断歩道･････････28、29
- 横断歩道・自転車横断帯･････････29
- 大型貨物自動車等通行止め･････････27
- 大型乗用自動車等通行止め･････････27
- 大型自立型誘導サイン･････････40
- お手洗･････････13
- 終わり･････････33
- 音楽記号･････････7
- 温泉･････････17
- 音符･････････6

か行

- カート･････････13
- 会計･････････15
- 会社名･････････7
- 階段･････････13
- 階段表示･････････7
- 回転禁止･････････43
- 火気厳禁･････････19
- 火災･････････22
- 火災予防条例･････････13、19
- 火事･････････22
- 河川の標識･････････43
- ガソリンスタンド･････････15
- 学校、幼稚園、保育所などあり･････････31
- 滑走路･････････40、41
- 滑面注意･････････19
- 家紋･････････7
- 川･････････42
- 考え･････････6
- 環境･････････7、24
- 観光客･････････16、17、24、25
- 観光地･････････16、24
- 環状交差点における右回り通行･････････27
- 感電注意･････････19
- 気温･････････7
- 危険･････････18、29、30、42
- 危険物積載車両通行止め･････････27
- 記号･････････7
- 気象･････････7
- 規制標識･････････26、27
- 規制予告･････････28
- Kitaka･････････39
- 喫煙所･････････13
- 喫茶・軽食･････････15
- きっぷうりば/精算所･････････13
- 汽笛･････････43
- 軌道敷内通行可･････････28
- 気持ち･････････6
- キャッシュサービス･････････13、25
- キャラクター･････････38
- キャンプ禁止･････････19
- キャンプ場･････････17
- 休憩施設･････････32
- 休憩所/待合室･････････13、40
- 救護所･････････13
- 救出活動･････････22
- 漁港の灯台･････････42
- 距離・区域･････････33
- 禁煙･････････8、19
- 緊急避難場所･････････21
- 銀行/両替･････････13、24、40
- 禁止･････････18、19、27
- 空港･････････14
- 区間内・区域内･････････33
- くず入れ･････････13
- 下り急こう配あり･････････31
- 下り段差注意･････････19
- 靴を脱いでください･････････25
- グラフィックシンボル･････････6、7
- 車止標識･････････35
- クローク･････････13
- 警戒･････････34
- 警戒標識･････････26、30、31
- 警察･････････13
- 傾斜路･････････32
- 携帯電話使用禁止･････････19
- 警笛鳴らせ･････････27
- ケーブル鉄道･････････14
- 言語･････････25
- 減速･････････34
- 原動機付自転車の右折方法(二段階)･････････27
- 原動機付自転車の右折方法(小回り)･････････27
- 券売機･････････38
- コインロッカー･････････13、24、40
- 広域避難場所･････････22、23
- 更衣室･････････13
- 更衣室(女子)･････････13
- 公園･････････17
- 航海･････････42

項目	ページ
公共施設	12、13、24
航空機/空港	14、40
航空灯火	41
洪水	22、23
洪水時避難場所	23
交通	26
交通系ICカード	38
交通施設	14
交通標識	22
交通ルール	26
高低差	35
構内運転	35
勾配標	35
合流交通あり	31
高齢運転者マーク	33
高齢運転者標識	33
航路標識	42
五角形の標識	29
国道1号線にある道路標識	26
国道番号	32
ごみ入れ	8
コミュニケーション	25
娯楽施設	15

さ行

項目	ページ
サービスエリア	32
災害	20〜22
最高速度	27
最大幅	27
最低速度	27
サイン	6、7
左舷灯浮標	42
撮影禁止	19、25
さわるな	19
三陸復興国立公園	16
三列並び	19
JIS（案内用図記号）	13、15、24、25
JIS（日本工業規格）	12、18
四角い赤	18
視覚記号	6
時間制限駐車区間	27
事故	26、29、30、34
指示	18、19、26〜28
指示標識	26、28、29
地震	22
静かに	19、25
自然	7
自然現象	7
自然災害	22
自然水利	22
自然保護	17
指定方向外進行禁止	27
自転車	14、26、29
自転車以外の軽車両通行止め	27
自転車横断帯	29
自転車及び歩行者専用	27
自転車専用	27、29
自転車通行止め	27
自転車ナビマーク	29
自転車のマーク	29
自転車乗り入れ禁止	19
自動車	26
自動車専用	27
自動車の運転者が表示する標識（マーク）	33
車線数減少	31
車体	36
車両横断禁止	27
車両（組合せ）通行止め	27
車両進入禁止	27
車両通行区分	27
車両通行止め	27
車両の種類	33
シャワー	13
十形道路交差点あり	31
重量制限	27
主信号機	34、35
出国	14
出国手続/入国手続/検疫/書類審査	14
出発	14、40
障害のある人がつかえる設備	13
障害物	41、42
障害物注意	19
消火活動	22
消火器	18、19、22
消火設備	22
消火栓	22
消火ホース	22
商業施設	15
商標	7
消防	22
情報	6、13、16、18、24、26、29、34、38、41〜43
情報コーナー	13、24
消防水利	22
照明	42
徐行	27
女子	13
初心運転者標識	33
初心者マーク	33
進行	34、35
信号	7、29、31、34
信号機あり	31
人工水利	22
浸水	23
身体障害者標識	33
身体障害者マーク	33
進入可	43
進入禁止	19、43
新聞・雑誌	15
シンボル	6、7、36〜38
Suica	39
水上オートバイ禁止	43
水上オートバイ通航方法制限	43
数学記号	7
数字	6、7
図記号	7
SUGOCA	38
捨てるな	19
すべりやすい	31
スポーツBAAマーク	29
スマイコちゃん	39
スロープ	13
税関/荷物検査	14、40
制限	27、35
船舶等通航禁止	43
世界標準	22
船舶/フェリー/港	14
専用通行帯	27
線路	34、35
相互利用	38、39
速度制限	34
その他の危険	31

た行

待避所	32
高さ制限	27
タクシー/タクシーのりば	14
立入禁止	18、19
建物	8、22、42
男子	13
チェックイン/受付	13
地図	6、7
地図記号	7
注意	18、19、30、33、34
注意事項	33
中央線	28
中継信号機	35
駐車可	28
駐車禁止	19、27
駐車場	14、32
駐停車禁止	27
聴覚障害者標識	33
聴覚障害者マーク	33
直進	41
通行止め	27
津波	21、22
TSUNAMI	21
津波注意(津波危険地帯)	22
津波避難場所	21、22
津波避難ビル	22
T形道路交差点あり	31
停止	28、34、35、41
停止位置	41
停止線	28
停車可	28
堤防	22
出口	32
鉄道	14、34、36
鉄道/鉄道駅	14
鉄道路線	36
手荷物一時預かり所	13、40
手荷物受取所	14、40
手荷物託配	15
手旗信号	43
転回禁止	27
天気記号	7
天気図	6
電子機器使用禁止	19
電車	36
天井に注意	19
転てつ機標識	35
電波	42
展望地/景勝地	17、24
店舗/売店	15
転落注意	19
電話	13
TOICA	39
トイレ	7、8、15
トイレ表示	7
灯火	41
灯台	42
到着	14、40
動物が飛びだすおそれあり	31
動物注意	31
動物ピクトグラム	17
灯浮標	26、42
動力船通航禁止	43
道路	26、28~32
道路工事中	31
道路の通称名	32
道路標識	26、29、30、32
ト形道路交差点あり	31
特定の種類の車両の通行区分	27
土砂崩れ	21
都道府県道番号	32
登坂車線	32

な行

中継ぎ	35
日・時間	33
二方向交通	31
日本政府観光局(JNTO)認定外国人観光案内所のシンボルマーク	24
nimoca	38
荷物の検査	14
入国	14
乳幼児用設備	13
二輪の自動車以外の自動車通行止め	27
二輪の自動車・原動機付自転車通行止め	27
二列並び	19
上り急こう配あり	31
上り段差注意	19
飲めない	19
乗合自動車停留所	32
乗り継ぎ	14、40
乗り場	14
乗り物	26、29

は行

バー	15
博物館/美術館	17
始まり	33
走るな/かけ込み禁止	19
バス/バスのりば	14
PASMO	39
旗	43
はやかけん	38
はんらん	22、23
BAAマーク	29
被害	34
光	7、26、40~42
引き波禁止	43
ピクトグラム	7、13、15
ひし形	30
非常口	22
非常駐車帯	32
非常電話	19、32
非常ボタン	18、19、24
非常用進入口	22
PiTaPa	39
左側にお立ちください	19
避難	21、22
避難所	21、23
避難所(建物)	22
避難場所	22
病院	13
標識	22、26~35、42
標章車専用	33
ファックス	13
幅員減少	31
船	42
浮標(ブイ)	42
踏切	31、35
踏切あり	31

踏切しゃ断機	35
フラッシュ撮影禁止	19
文化施設	16、17
並進可	28
ペット持ち込み禁止	19
ベビーカー使用禁止	19
ヘリコプター/ヘリポート	14
ペンギン	39
防火	18、22
防火水そう	22
方向	33
防災	20、22
防波堤	42
方面と距離	32
方面と方向の予告	32
保護	31
歩行者横断禁止	27
歩行者専用	27
歩行者通行止め	27
歩行者優先	29
補助表示	19、22
補助標識	26、32、33
ホテル/宿泊施設	13、24

ま行

マーク	7、17、25、29、38
マスコットキャラクター	38
manaka	39
ミーティングポイント	13
右側にお立ちください	19
右(左)つづら折りあり	31
右(左)背向屈曲あり	31
右(左)背向屈折あり	31
右(左)方屈曲あり	31
右(左)方屈折あり	31
水飲み場	13
道	29、30

港	14、42
身ぶり	6
目印	26、42
免税店シンボルマーク	25
文字	6、7、24

や行

約物	7
野生動物	31
薬局	15
遊泳禁止	19
優先道路	28
誘導案内	12、14〜16
誘導員	41
浴室	13
横風注意	31
四列並び	19

ら行

落石のおそれあり	31
リサイクル品回収施設	13
料金徴収所	32
理容/美容	15
歴史的建造物	17、24
レストラン	15、25
列車	34、36
レンタカー	14
ロータリーあり	31
ロープウェイ	14
ロゴ	7
ロゴタイプ	7
ロゴマーク	7
路線	27、36、37
路線図	36
路線バス等優先通行帯	27
路面凹凸あり	31

路面電車停留場	32

わ行

Y形道路交差点あり	31
忘れ物取扱所	13、40

画像協力、およびマーク・記号を管理している団体(ページ順、敬称略)

10-11●木村浩●東京生活.com●(株) U'eyes Design●アイワ広告(株)／12-13●国土交通省中国地方整備局●(公財)交通エコロジー・モビリティ財団／14-15●成田国際空港●(公財)交通エコロジー・モビリティ財団●渡辺由美子／16-17●横浜市●環境省東北地方環境事務所●(公財)交通エコロジー・モビリティ財団●札幌市円山動物園／18-19●(株)サインモール●(公財)交通エコロジー・モビリティ財団／20-21●三原岳(東京財団研究員)●心和美創(株)／22-23●(公財)交通エコロジー・モビリティ財団●(株)フクヨシ●(一財)河川情報センター●京都市／24-25●浜松市観光インフォメーションセンター●日本政府観光局●(公財)交通エコロジー・モビリティ財団●ラオックス(株)●観光庁／26-27●日本航空(株)●国土交通省／28-29●国土交通省●警視庁●(一社)自転車協会●(公財)日本交通管理技術協会●(一財)製品安全協会／30-31●国土交通省／32-33●国土交通省●警察庁／36-37●大阪市交通局●福岡市交通局／38-39●九州旅客鉄道(株)●福岡市交通局●(株)ニモカ●北海道旅客鉄道(株)●名古屋市交通局「交通局使用許諾 第45号」●西日本旅客鉄道(株)●東海旅客鉄道(株)●スルッとKANSAI／40-41●日本航空(株)●新関西国際空港(株)●(株)アイ・デザイン●(公財)交通エコロジー・モビリティ財団●日本航空(株)／42-43●国土交通省関東地方整備局荒川下流河川事務所

● **監修者**

木村 浩（きむら ひろし）

1952年兵庫県生まれ。京都市立芸術大学美術専攻科（現・大学院）修了。現在、筑波大学芸術系准教授。専門：情報デザイン、コミュニケーションデザイン、インフォメーショングラフィックス、サイン計画。デザイン制作：板橋区立熱帯環境植物館サイン計画、伊豆洋らんパークCI及びサイン計画、国立科学博物館筑波実験植物園誘導案内。学会：日本展示学会理事、日本サイン学会理事。

● **文**

巻頭(P.6-7)木村浩
渡辺由美子

● **イラスト**

中村知史

● **デザイン**

山田孝之

● **編集・制作**

有限会社データワールド

● **編集協力**

土部冴子、金田陽子、西智恵美、立川紀久子

よくわかる！記号の図鑑❶
交通、乗り物、案内、指示の記号

2015年2月初版　2023年2月第5刷

監　修	木村浩
発行者	岡本光晴
発行所	株式会社　あかね書房
	〒101-0065
	東京都千代田区西神田3-2-1
電　話	03-3263-0641（営業）　03-3263-0644（編集）
	https://www.akaneshobo.co.jp
印刷所	株式会社精興社
製本所	株式会社難波製本

ISBN978-4-251-09325-7
NDC801　48ページ　31cm
©Dataworld 2015 Printed in Japan
落丁本・乱丁本はおとりかえいたします。
定価はカバーに表示してあります。